To. ____________________

사랑한다

사랑한다

초판 1쇄 인쇄 2018년 6월 27일
초판 1쇄 발행 2018년 7월 4일

지은이 황희원

발행인 장상진
발행처 (주)경향비피
등록번호 제2012-000228호
등록일자 2012년 7월 2일

주소 서울시 영등포구 양평동 2가 37-1번지 동아프라임밸리 507-508호
전화 1644-5613 | **팩스** 02) 304-5613

ISBN 978-89-6952-262-7 03810

· 값은 표지에 있습니다.
· 파본은 구입하신 서점에서 바꿔드립니다.

love you
사랑한다
경향BP

contents

° 서툰 사랑

"사랑에 서툰 사람의 '좋아한다.'는 무슨 의미죠?"

"어쩌면 사랑보다 더 큰, 사랑함의 표현."

°너라는 바람

나는 그저 네가 너무 좋았다.
네 연락 한 통이면 약속이 있어도 없다고 말하고 싶었고
네 웃음 한 번이면 나도 모르게 같이 입꼬리가 올라갔다.

하지만 시간이 지날수록 너는 더 희미해져 마치 바람 같았다.
오래도록 곁에 두고 보고 싶어 했던 것이 내 욕심이었나.

°엇갈린 사랑

왜 너는 나를 갖고 싶어 하지 않았나.
왜 더 가까이하지도, 더 멀리하지도 않으면서
남 주기는 싫어하고 확실한 표현조차 안 했나.
그런 애매한 네 행동에 나는 떠날 준비를 한다.

너와의 헤어짐이 무서워 말도 꺼내지 못하고 투정부렸다.
너의 대답이 두려워서 가까이 다가가지 못하였고,
지금의 사이마저 더 벌어질까 걱정이 앞섰다.
서툴렀던 나의 사랑에 진심도 건네지 못한 채 널 보낸다.

° 결핍

너로 인해 느끼는 것.

° 끝 아닌 끝

끝은 맺었지만 너를 못 미워해.
좀 더 매정하게 대해줘라.
뭣도 아닌 의미부여 좀 그만하게.

° 번복

맞다고 생각했어요.
그런데 내가 틀렸던 것 같아요.
되돌릴 수 없는 걸 알기에
더 아파요, 그리고 힘드네요.
우리의 예뻤던 추억으로 견뎌볼 테니
대신 그대도 가끔은 날 떠올려줘요.

◦ 헤어지자

먼저 꺼내고 싶지 않았던 말.

하지만 너는 내게 바라던 말.

알기에 미워서 더 꺼내고 싶지 않았던,

내 자신이 안쓰러워 끝내 뱉어낸.

◦너의 잔향

네가 내게서 잊혀갈 때쯤,
길을 걷다가 널 닮은 향기가 나를 스쳤다.
짧은 시간과 함께 너를 흘려보냈는데
진하게 다시 네 생각이 떠올랐다.

너도 아닌 닮은 향기만으로.

° 같은 밤, 다른 마음

이 시간이 되면 바쁜 하루에 잊었던 네 생각에
연락을 해보려다가도 그냥 기다리기로 한다.
'혹시 너도 이런 마음이면 어쩌지?' 하다가도
결국 나는 다가가지 않는다.

나는 간절해도 너는 아닐지 모르니.

° 그런 사람

내가 문제인 걸까, 정을 많이 주고
다른 사람들보다 마음 여는 것이 쉬운 게.
그만큼 눈물도 많았고 상처도 잦았다.
피해를 주지 않아도 피해를 받았고
잘 웃어주고 좋아해주는 그런 사람이 되었다.

남을 생각하다가 나를 잃어버렸다.

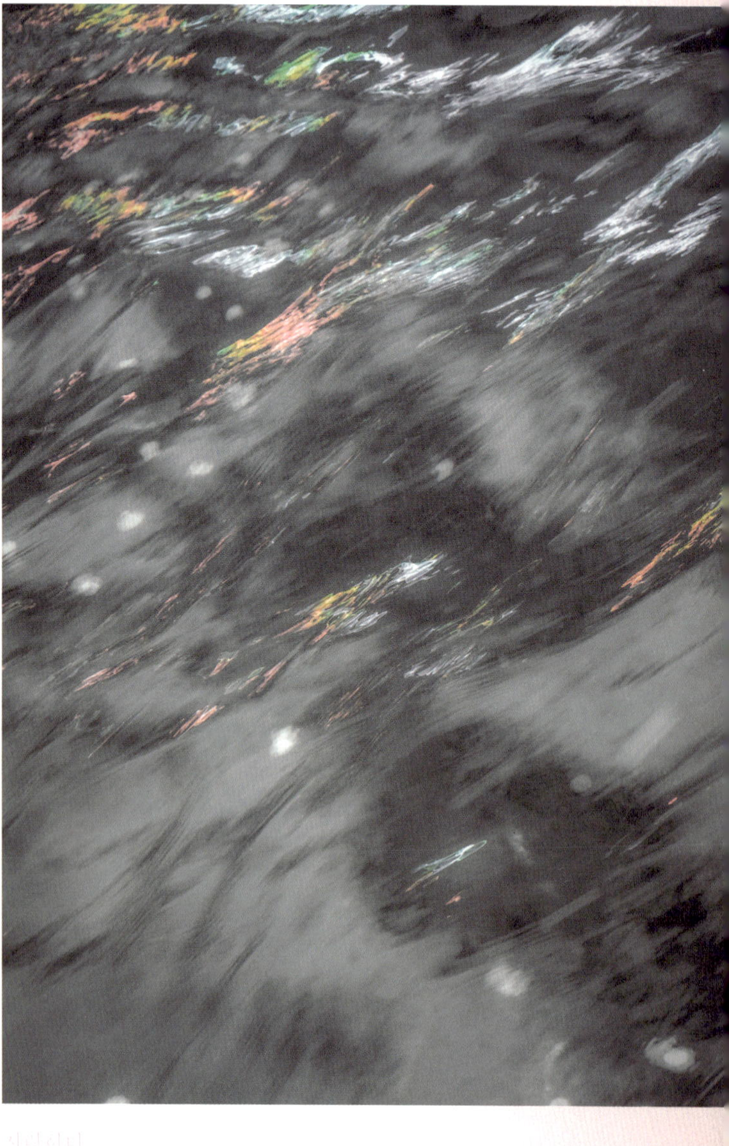

°후회

너를 보내고 나서야 깨달았다.
그때의 일은 내가 한번 넘어가줘도 되는 일이었고,
그곳에 내가 가지 않았다면 싸우지 않았을 테고,
그 말을 하지 않았더라면 여기까지 오지도 않았겠지.

더 사랑했던 내가 참아볼걸.
그랬다면 지금보단 덜 아팠을 텐데.

°미련함

무시한 채 도망치듯 뒤돌아버린 너로 인해
내게 너는 그리움이 아닌 배신감으로 남겨졌고
어여쁜 추억들은 너의 가식으로 변해버렸으며
진심 어린 고백 또한 모두 거짓으로 남게 됐다.
이렇게 만든 너를 싫어하고 미워하려 했지만
내가 어찌 그러겠니.
눈 감으면 제일 예뻤던 기억만 떠오르는데.

° 꼬리표

너라는 꼬리표를 내게서 떼고 싶었다.
어디를 가나 네 얘기가 따라 들려왔고,
주위 사람들은 내게 네 안부를 묻기도 했다.
가끔은 우리가 다시 만나기를 바라기도 하더라.

시간이라는 가위로 너를 잘라내었건만.
정작 나는 괜찮은데
다른 이들이 자꾸 너를 떠올리게 한다.
그냥 내가 떠올리고 싶은 건 아닌지 헷갈릴 만큼.

° 이별 과정

나를 위한 거짓말이라고 말하는 네가 못마땅했다.
의심이 의심을 낳았고, 한 번의 불안이 불신을 만들었다.

왜 우리가 다투는지,
내가 무엇을 서운해하는지 궁금해하지도 않은 채
언젠가부터 웃음보다 긴 한숨이 날 반기더라.

자신 없다 말하던 네 모습이 지금 생각해보니
그저 잦은 다툼에 지쳐 회피해버리는 꼴이었구나.

◦이별 이유

그에게 말해주고 싶었다.

좋아한다고,

너무 좋아서 미치겠다고.

하지만 정작 입 밖으로 나온 말은 헤어짐이었고

망설임 없이 끄덕이는 그를 보며

"이것 또한 좋아해서 보내주는 거야." 소리 없이 외쳤지.

◦ 모르게

그렇게 다짐했건만 또 이렇게 무너지네.
함께 만든 추억들과 웃으며 줬던 선물들.
밤새 설렜던 네 목소리 그리고 진심.
너를 그만 봐주고 간절하게 잊고 싶다 하고선
이 모든 게 네 앞에 쌓은 벽을 허물어버린다.

◦ 늦은 사랑

그의 진실 아닌 말이 그녀는 싫었다.
그녀를 위한 거짓말이었다 해도 반갑지 않았고,
서로가 서로를 위해서였다며 다툼만 잦아졌다.
그들은 그렇게 배려 아닌 배려라는 종이에
서운함을 쏟았고, 종이는 곧 물들어 찢어졌다.
이해하고 싶어졌을 땐 이미 늦은 것도 모른 채.

°여운

네가 여운을 주고 가버린 게 아니었다.
그저 내가 손에 꽉 쥐고 있었을 뿐.
네가 아파서 주고 갔다 믿었다.
너의 작은 마음에 큰 의미를 부여하고
흘러가는 모든 말에 착각을 하고 싶었다.
그만큼 너는 내게 간절한 존재였고
아직도 네 이름을 생각하면 가슴이 아린다.

°머뭇거리다

서로가 서로를 놓치고 후회와 아쉬움만 남는 것.

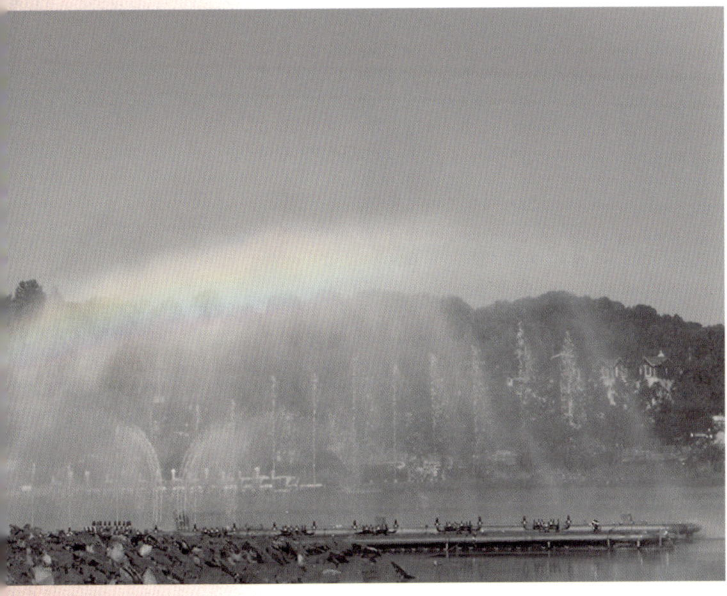

◦ 사랑의 모습

보고 싶다며 나오라는 연락을 받고
허겁지겁 나온 날 보며 귀엽다 웃고선
"저녁 먹자, 내가 살게." 하더니 손을 잡고
간판 불빛들이 반짝이는 거리를 같이 걷는 거야.

헤어지기 싫다며 나를 안아버리곤
"5분만 더 있다 가, 그냥 얼른 같이 살고 싶다!
우리 결혼할까?"
장난치듯 던지는 너의 말에 나는 볼이 빨개져.

마지막까지 서로 먼저 가라고 미루다가
결국엔 내가 들어가는 걸 보고서 너도 뒤돌아가는 것.

° 네 앞에선

나는 헤픈 사람이 아니었는데,
네 앞에선 자꾸 그런 사람이 돼.

° 지금보다는

“되돌아가도 힘들 텐데, 되돌리고 싶어?”

“그럴 수만 있다면 지금보다는 덜 힘들겠지.”

° 기대

모든 이에게, 모든 것에
실망을 안 할 수는 없으니
기대를 걸지 않길 바라.

° 겁

이제는 사랑을 생각하면
설렘보다 걱정을 떠올리고,
걱정보다 헤어짐을 겁낸다.

° 소나기

나를 흠뻑 적시고는
언제 그랬냐는 듯.

이미 사라졌지만
깊이 스며들어버리는.

돌아가고 싶다

아직 나는 널 잊지 못한다.

왜 그때는 몰랐을까.
내 연락을 기다리게 하는 시간이 길어도
너의 연락은 나를 기다리게 한 적이 없었다.
분명 내 잘못으로 인한 다툼이었어도
너는 날 달래주기 바빴고,
내가 괜찮다 해도 밤늦게 위험하다며
굳이 집까지 데려다주었지.
집 앞까지 와서는 보내기 싫다고
동네를 세 바퀴 넘게 돌았고,
예뻐지고 싶다고 칭얼거리는 나를 보고
귀엽다는 듯 웃더니
항상 지금도 충분히 예쁘다고 말해주었다.
피곤해도 내가 잠이 안 온다고 말하면 바로 전화를 걸어
자기 전까지 사랑한다 속삭였던 너.

복에 겨워 지루하고 항상 똑같다며
너를 내친 나를 용서해줄 순 없겠니.
이 또한 내 이기심인 것을 알지만 전처럼 너에게
사랑을 받고 싶다.

못 줬던 내 사랑도 네게 고마워하며 주고 싶다.

간절하게 네가 보고 싶다, 돌아가고 싶다.

° 익숙한 노래

그가 불러줘서 알게 된 노래가
혼자 길을 걷다 귓가에 들려오는 바람에
그를 떠올렸는데, 그때의 우리가
또 생각이 나버려서 힘들다.
보고 싶다, 정말.

° 진실한 사람

당신이 받은 상처까지 안고서 토닥이고,
그 안을 사랑으로 채워주는 사람을 만나길.

당신이 주는 사랑에 고마워하며 손 잡아주는,
당신에게 거짓을 보이지 않는 사람을 만나
오래도록 예쁘게 행복하길.

° 하늘만큼 땅만큼

그대, 하늘이라면
나는 땅이 될래요.
사람들이 우리만큼
사랑한다 속삭이기를.

° 오늘 밤

오늘 밤은 그대가 지나간 일들로 뒤척이지 않고
예쁜 꿈과 함께 보내길 바랄게요.

◦ 사랑보다 깊은 좋아함

네게 좋아한다 말하지 못했다.
지금의 사이보다 못한 우리가 될까 겁이 났다.
그저 곁에서 바라만 보고 싶었다.

더 짓궂게 행동하고 마음과 다르게 널 밀어냈지.

멀어지고 나서야 외쳐본다.
좋아했다,
좋아한다.
사랑보다 더 깊게 널 좋아했다.

◦ 향

은은히 풍기는 너의 향기에 취해
선뜻 나도 모르게 사랑을 품었음을.

° 그런 남자

나는 나를 애태우는 흔히 말해 나쁜 남자가 좋았다.
만남을 장난으로 생각하진 않지만, 어리석게도 먼저
좋아해주면 관심이 가지 않았고 재미도 흥미도 없었다.
연락을 기다리게 하고 가끔은 날 쓰다듬기도 하며
다른 여자한테 살랑 잘해줘서 질투 나게 하는
그런 남자에게 더 이끌렸고, 매달렸다.
그리고 좋은 남자들과 이별을 하고 후회를 반복한 후
깨달았다.

여자들아,
착하디착한 남자를 만나라.
어디를 가든 무엇을 보든 네 생각이 나서 전화했다고 하는.
다른 여자에게 눈 돌려 질투 나게 하는 남자 말고
나보다 우리 엄마를 더 챙겨서 질투 아닌 질투를 하게 하는
그런 남자.

한 번 화려한 선물을 주기보다 가끔 손편지를 몰래 가방에
넣어주고 내가 자주 울어도 따듯하게 안고 달래주며,
늦게까지 잠 못 드는 나를 위해 잠들기 전까지
밤새 사랑을 속삭이는 그런 남자를 만나.
그의 소중한 사랑을 당연시하지 말고
고마워하며 사랑하라.

◦ 결혼하자

결혼하자, 너와 내가 입에 달고 다녔던 말.
처음엔 장난처럼 나를 쑥스럽게 만든 말.
각자의 집으로 돌아가야 할 때,
네 품에 날 안고선 귀에 속삭였던 말.
우리가 이별을 택한 후 내가 너를 그리워할 때마다
가슴을 더 아리게 난도질해 놓는 말.

그로 인해 이제 사랑을 할 때 그 말은 내게 아무 의미가
없어졌다.
그저 순간의 사랑 표현일 뿐, 그 이상도 그 이하도 아닌.
그럼에도 불구하고 우리가 헤어지기 전으로 돌아간다면
너의 속삭임에 나는 웃음보다 눈물을 쏟아낼 것 같다.

하지만 다시 네게 듣고 싶다.

행복했던 그때 그날로 돌아가 달콤하게 다시 듣고 싶다,
"우리 결혼하자."

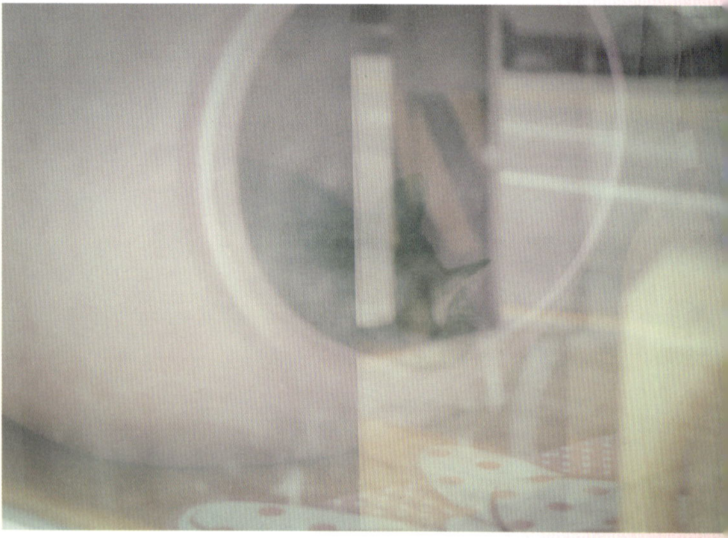

사랑했다

◦ 체념

이제는 너를 생각하지도 그리워하지도 않는다.
길지도 짧지도 않았던 너와 나의 시간을.
차라리 끝맺은 게 마음이 한결 편한 것 같다.
너로 인한 감정소비와 시간 낭비도 하지 않게 되었고,
더 이상 불안과 안도를 반복하지도 않는다.
모든 게 좋고 편하지만 이게 행복한 건 아니더라.
가끔은 너라는 추억에 흠뻑 젖고 다시 털어내 본다.
우리의 끝은 또 이렇게 추락인 것을 알기에.

◦ 나도

"보고 싶었어."
그리움을 보았을 때.

°모순

우리의 추억을 그리워하기가 무섭다.
분명히 너는 나쁜 사람이고 나를 외롭게 했고
결국엔 먼저 내게 이별을 뱉었다.

가끔 추억이 하나둘씩 떠오르면 내 안을 꽉 채워버린다.

그 행복하고 사랑스럽던 예쁜 추억들은
널 미화시켜 좋은 사람으로 기억하게 한다.
그 기억 속 네게 웃어 보이고, 보고 싶다 말하며
품에 안겨 사랑을 쏟아내고 싶어져서
그리워할 수가 없다.

꺼내볼 수가 없다,
꺼내면 꺼낼수록 나는 더 예전의 너에 깊이 잠겨버린다.
추억을 그리워하기가 싫다, 밉다.

° 사랑하는 너와의 사계절

봄에는 너를 만나러 가는 길에 꽃 한 송이가 눈에 밟혀
꽃집에 들러 예쁜 꽃 한 송이를 사다 주면
너는 수줍어하며 양 볼에 진달래를 피웠다.
더운 여름, 너에게 음료수와 함께 부채질을 해주면
너는 괜찮다며 도리어 내게 부채질을 해주고는
더워도 손은 놓기 싫다며 내 손을 꼭 잡았지.
선선한 가을엔 맥주 한 캔씩을 들고
어린애처럼 웃는 네 모습이 귀여워서 안고는 밤을
지새웠네.
어느 한겨울, 춥게 입고 나온 네게 내 목도리를 둘러주며
두 귀를 내 손으로 감싼 후 서로 마주 보고 웃으며 사랑을
피웠다.

° 아무 사이

우리가 아무 사이가 아니었다면 어땠을까.
매일 밤 그리워하며 울게 하는 너도 없었겠지.

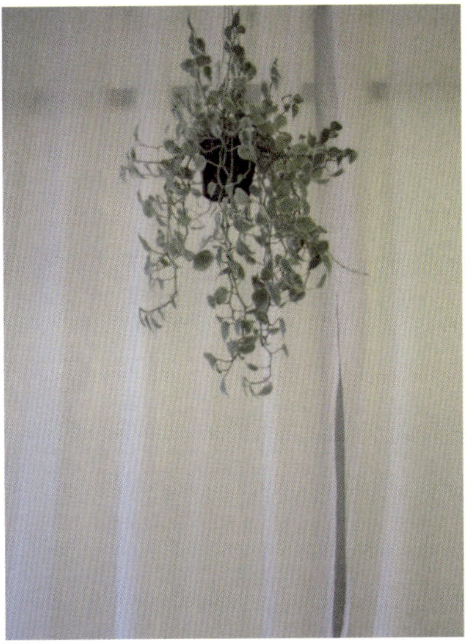

° 숨기지 못한 감정

"그 사람이 그리워지면 어떡하죠?"

"그리워해. 숨기지 말아."

° 앞선 마음

너를 잊고 싶어서 괴롭다.
주위 사람들은 새로운 사람을 만나보라는데
만나는 사람마다 하나도 성에 차질 않아.

네 생각만 더 많이 떠오르고 비교만 하게 돼.
정작 나는 준비가 안 됐는데 마음만 앞서가.

마침표

차라리 우리는 멀어진 게 다행일지도 모른다.
나는 네게 많은 것을 바란 게 아니었지만
너는 내게 그보다 더 해주고 있다고 생각했고
웃으며 대화를 나누다가도 결국 마지막은
서로에게 상처를 남기고 울어버렸네.

깊게 슬플 줄도 모르고 널 품으려 했다.
너도 그랬겠지, 지치고 아파도 안으려 했겠지.
자꾸만 찾아오는 이별을 부정하고 숨겨도
끝내 떠올라 마침표를 찍고선 멀어졌다.
한동안은 애써 웃음 지으며 괜찮아했지만
네가 없는 새벽은 힘들고 어둡고 차가웠다.

그래도 멀어진 지금의 우리가 나쁘진 않아.
그저 가끔 생각나고 그립고 보고 싶을 뿐.

다시 돌아간다면 나는 널 가까이하지 않을 거야.
예전의 너를 아직도 좋아하지만 지금의 너는 아니야.
네게 돌아가지 않을게, 너도 돌아오지 않길 바라.

시인하다

° 추락

주위 사람들에 지쳐 귀를 닫고 쉬고 싶었어.
막상 쉬고 있자니 나만 혼자인 기분이 드는 거야.
이런 게 아닌데, 혼자이고 싶었던 게 아닌데.
그렇다고 많은 사람들과 있기도 싫었어.
또 이렇게 이기적인 나를 자책하고
아무 생각 없이 조용히 울어.
왜 울고 싶은지도 모른 채, 그냥 울어버려.

° 가끔은

"그 사람이 진하게 떠오르면 어떡하죠."

"그냥 떠올려요, 별거 있나요.
그렇게 아끼던 사람이었는데
가끔 떠올리긴 해야지."

° 좋은 사람

만나면 만날수록, 알면 알수록
배울 점이 많은 사람과 함께하라.
예쁜 것을 보여주고 슬픈 것은 가려주는,
같이 기뻐해주고 같이 아파해주며
어느 곳을 걸어도, 무엇을 보아도
네 생각이 났다고 말해주는.

° 내게

내게 스며들어줘.
진하게 그리고 오래도록.

° 돌아가자

네게 말하고 싶었다.
"그때로 돌아가자, 우리."

◦ 나를 찾아오길

네가 울지 않았으면 한다.

이제 더 이상 슬픔 속에서 헤매지 않기를.

사랑으로 너를 감싸 안을 테니

이리 와 내 손을 잡아주련.

◦ 너처럼

그렇게 넌 예쁘더라,

봄처럼.

° 너라는 종착점

보고 싶다가
잊고 싶다가
그리워하다가
미워하려다가
결국 모든 게 전부 너였구나.

° 꺼진 사랑

이미 다 타고 식어버린 잿더미에
불이 붙을 리가 있나.
식어버리고 나니 너란 사람도 내게 큰 존재는 아니었구나.

° 미운 정

또 속았구나, 나는.
그렇게 너에게 속고 아파봤음에도 혼자 널 기다렸다.
주위 사람들 모두가 내게 정신 차리라며 욕하고 말려도
혼자 널 기다렸다.
이렇게 너는 날 밀어내고 못되게 속여도
아주 조금, 정말 혹시나 하는 마음이 널 놔주지 않는구나.
나도 내가 널 좋아하지 않았으면 한다.
좋아하기 싫은데 좋아서 더 아프다, 슬프다.

사랑한다

° 바쁜 하루

아주 정신없이 바쁘고 싶다.
오늘이 금요일인지 토요일인지 헷갈리고
오후에 할 일은 무엇이었는지도 모른 채
내일 생각에 피곤해서 침대에 누우면 바로 잠들어버리고
싶다.
그렇게 하루가 너무나도 정신없이 지나가서 네 생각을
그만했으면 좋겠다.
전화기를 꺼 놓기도 하고, 무음으로 설정하기도 하고
괜히 벨소리를 키우기도 했다가 기대와 실망을 반복하며
네 연락에 기분이 좌지우지되는 내가 안쓰러워 차라리 일에
치여 힘든 것이 낫겠다.

오늘도 나는 내가 바쁘길 바라.
네가 아닌 다른 이들로 정신없기를.

° 단정

결국 너도 똑같았으면서
나만 나쁜 사람이 되는구나.
혼자 그렇게 단정 짓고선
나를 무너지게 하는구나.

° 남겨진 온기

네가 내 곁을 떠난 그날,

익숙하지 않은 추위에 웅크렸던 그 밤.

조금 남은 네 온기를 아무리 잡아봐도

잡히지 않던 그 밤.

° 위한다면

"당신이 그리워요, 보고 싶어요."

"나를 위한다면 거기서 멈춰요. 그만 날 내버려둬요."

° 이상형

"저는 일주일에 여덟 번을 사랑해주는 남자가 좋아요."

° 그랬을까

너도 나처럼 그랬을까.
무심했던 내 모습을 기억하고 아무리 미워해도
네 기억 속의 예쁜 추억들이 그런 나를 지웠을까.
굳이 넘어가도 되는 일을 괜히 화내고 못되게 말했다며
'차라리 내가 먼저 손 내밀걸, 이해해줄걸.' 하고 후회했을까.
너의 새벽도 나의 새벽처럼 가슴 아리게 서로를
그리워한다면,
적어도 한 번쯤은 길을 걷다 내 생각이 났다면,
메시지 창에 물음표를 썼다가 지웠다가 하고 있다면,
우리는 다시 마주할 수 있을까.
네 이름만 생각해도 웃음 짓던 그때로 돌아갈 수 있을까.

° 그런 사랑

당신이 아무리 아프게 밀어내도,
가슴 아린 소리를 내뱉어도
마음 없이 우는 당신을 지나치는 사랑 말고
말없이 당신을 안아 달래주는 사랑하길 바랄게요.

°예감

먼저 떠나버린 건 나인데
왜 나는 네가 떠나갔다 느꼈나.
왜 굳이 내가 먼저가 아니었어도
네가 떠나갔을 거라며 아파했나.

°굳이 말하지 않아도

서로가 헤어지기 싫었던 날,
그는 그녀를 품에 안았다.
그녀의 귀가 그의 가슴에 닿았고

'쿵쾅쿵쾅'

운동장을 뛰고 온 사람처럼 심장이 뛰었다.
그는 아무 말도 하지 않았지만

그녀는 말했다.

"나도 사랑해요."

°체한 사랑

체할 줄도 모르고 이 또한 사랑이라 널 삼켰다.

°표현

어찌 널 표현하겠어.

그저 밤하늘에 있다면 달이고
내게 잠 못 이루는 새벽이었다.

지나간 청춘 곁엔 네가 있었다.

°나의 봄

오늘은 분명히 추운 날이었는데
네가 내 옆에 있으니
봄이었다, 그 순간만큼은.

°오래도록

우리가 연인 사이로 만나고 나서부터 너무 좋더라.

진짜 하루하루가 이렇게 행복해도 되나 싶을 정도로 좋아.

행동 하나, 말 하나 모든 게 당신이라 행복해요.

당신이 주는 행복이 오래갔으면 좋겠어.

더 진하게 연애하자, 우리. 더 많이 사랑하자, 서로.

◦간절하게

너는 어둡고 어두운 새벽에 나를 찾아왔다.
잔잔하게 가라앉아서 잊혀가던 너였는데.
많은 잡생각들을 정리하고 머릿속을 비우면
제일 먼저 떠올라 마음을 간지럽게 괴롭히곤 했다.

우리가 좋아하는 시간에 만나 웃으며 장난치던 그때처럼
맥주 한 캔을 들고 전날 있었던 얘기를 하며 걷다
네가 좋아하는 향기와 함께 서로를 품은 그 밤처럼,
두 손 마주 잡고 말없이 쳐다보고 싶다.

누군가와 오래 만나지 못하는 나였지만 너만은 그렇지 않았다.
옆에 두고 아주 오래도록 보고 싶었다, 보고 싶다.
지금 그때의 네가 간절하게 너무 보고 싶다.

◦네 자리

나는 아직 첫사랑을 잊지 못한다.

다른 사람을 만나 사랑을 하고 있어도
마음 한구석 어딘가에는 아직도 그 사람이
자리 잡고 있는 게 느껴진다.

대체 왜일까.
이루어지지 못한 사랑이라 아쉬움이 모여 생긴 미련일까.
내 마음을 온전히 다 주지 못했던 사랑이라 마음이 아직
남은 걸까.
그 사람과 함께하고 싶었던 것들을 함께하지 못한 채
이별을 맞이했기 때문일까.

° 첫사랑

종종 그 사람에 대한 이야기가 들려올 때,

조금은 내 마음속 깊숙한 곳이 간질간질한 것을 보아하니

아무래도 당신은 내 첫사랑인가 보다.

부정하려 해도 내가 그렇게 정해버렸다.

당신을 내 첫사랑으로.

°이리 온

이리 어여쁜 너를 누가 아프게 했어.
이제 나랑 꽃길만 걷자, 이리 온.

°예쁘기까지

오늘은 어땠어.
힘들었지, 고생 많았어.
내일도 잘 견뎌낼 거라 믿어.
기특한데 예쁘기까지 하네.

° 정말 괜찮다고

누군가 내게 말해줬으면 좋겠다.
어른스럽지 않아도 된다고.
잘하고 있는 거라고.
그렇게 성장하는 거라고.
괜찮다고.

° 조금만 더

오늘도 잘 버텨줘서 고맙고,
옆에 있어주지 못해서 미안해.
그래도 너 잘하고 있는 거야.
조금만 더 힘내자.
보고 싶다.

딸에게

여러 일에 상처 받고 힘들어도
예쁜 마음으로 세상과 대화하여라.
모든 짐은 내가 짊어질 테니.

주위 사람들마저 등 돌려도 엄마 품에 안겨 울어라.
너의 아픔마저 내 책임이기에.
모진 세상과 마주하게 한 내 책임이기에.

°앞으로도

"그대로 지금처럼 예쁠 것."

°확실해

이리저리 치이고 다니는 요즘,

힘들어도 티내지 못하고 억지로 버텨내고,
지쳤어도 말하지 못하고 이 악물며 견뎌내고,
혼자 속앓이하는 것이 기특한 건지 미련한 건지 알 수는
없지만

한 가지 확실한 것은 충분히 노력했으며 잘하고 있다는 것.

°무엇과도 바꿀 수 없는

지금껏 흘러가는 이 시간들을
쉽게 생각했는데 문득 깨달았다.

다시는 돌아오지 않을 소중한 시간이고
누구에게는 무엇보다 귀한 시간이라는 걸.
사랑받기도 부족한, 사랑 주기도 아쉬운.

° 성장

우리는 살아가면서 모든 일에 대해
쓴소리도 받아 삼킬 줄 알아야 한다.
삐뚤어진 마음으로 받아들인다면
독이 되고 불만만 쌓이겠지만,

배운다는 마음으로 받아들인다면
우리는 한 걸음 더 성장해 나가기 때문이다.

° 그대여

잘 버텨줘서 고마워요.
많이 힘들면 내게 기대요.
품에 안겨 다 쏟아내 봐요,
우는 모습마저 예쁠 테니.

° 오래도록

"아프지 말고, 오래 행복할 것."

◦ 너

"어여쁜 꽃 같은, 향기롭고 아름다운."

◦ 그런 관계

생각하고 걱정하고 이해해줬어도
정작 챙기는 건 내가 아닌 다른 사람이더라.
고민을 들어주고 힘들 때 같이 있어줬지만
자주 만나지 않으면 금세 잊혀지는,
빠르게 가까워진 만큼 쉽게 멀어지는
그런 얇은 관계에 상처 받지 말자.

나를 사랑하는 사람들은 곁에 있고
그들은 항상 날 생각해줄 테니.

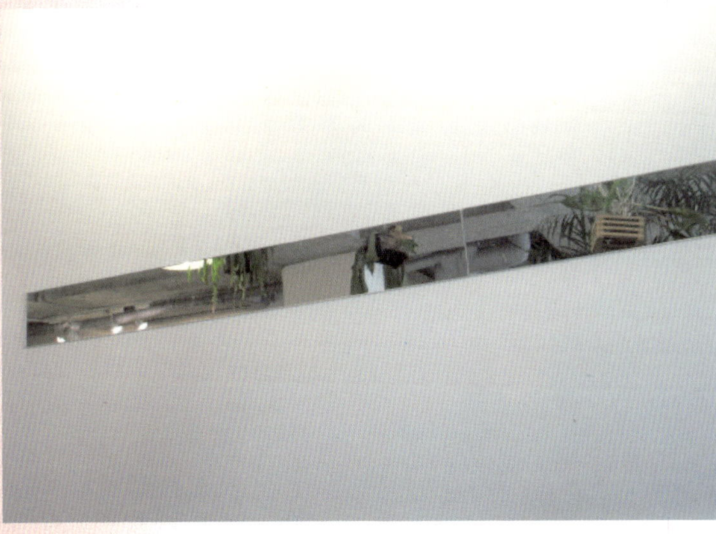

◦이리 와

앞으로도 빛날 너인데
왜 아직도 그 사람에게 머물러 있어.

이리 와,
넌 사랑받기 충분한 여자야.

◦의지

이별 후 미련을 극복하는 방법은 주변 사람들의 위로나
다른 이성들과의 연락보다는 자신의 의지를 갖는 것이다.
슬픔 속에 오래 있지 말고 인정하고 나와라.
사랑받고 살기에도 부족한 시간을 가볍게 보내지 않기를.

° 가끔은

가끔은 친하다고 느끼던 사람들보다
그렇지 않다고 생각했던 사람들에게
더 위로를 받고, 그게 힘이 된다.
인간관계, 참 어렵다.

° 차라리

마냥 착하게 살기에는 세상이 험해.
차라리 악역이 돼라.

° 인정

상대방에게 내가 그만큼밖에 안 되는 존재라는 것을
부정하지 말아요,
인정하고 당신도 그만큼만 베풀어요.

° 정녕

당신이 결과에 실망한 만큼
정녕 최선을 다했는가.
자책할 필요는 없다.
더 노력하고 성장하라.

° 충분히

노력과 최선을 몰라주는 사람에게
굳이 감정을 쏟으며 신경 쓸 필요 없어요.
최선을 다했고 그만큼 노력했으니 이제 내려놓고 쉬어요.
마음고생 그만해요, 충분히 잘했으니까.

° 인간관계

떠날 이는 어차피 떠날 것이고
곁에 남는 이는 뭘 하든 남아 있을 것이고
돌아오는 이는 잡지 않아도 다시 내게 스며들 테니
인간관계에 상처 받지 마라.
그 시간에 현재를 인정하고 미래를 계획하라.

° 허탈감

상대방의 생각 없이 뱉는 말과 배려 없는 행동은
내가 마음 썼던 모든 것이 의미를 잃어 가벼워지게 한다.
과연 내가 지금까지 쏟아부은 것들은 무엇이었던 걸까.
온몸에 힘이 빠지고 허탈감만이 남게 된다.

◦ 어쩌서

사랑만 받기에도 부족한 시간인데,
어쩌서 당신을 존중하지도, 같이 바라보지도 않는
사람에게 머물러 있나요.
헛되이 보내지 말아요. 더 큰 사랑을 받아야 하는
사람이에요, 당신.

◦ 내게 기대

울고 싶은데 기댈 곳이 없는지,
노력했는데 알아주는 이가 없는지,
힘들다 말하고 싶은데 의지할 곳이 없는지
걱정돼. 내가 다 해줄게,
내게 기대.

◦ 그러지 말아요

음식도 소화할 수 있는 정도보다 더 먹으면 체하고
속 아프듯이 사람 관계도 그래요.
억지로 많은 사람들을 이해하려 하고 품으려 하지 말아요.
자기만 더 마음고생 하니까 뱉어낼 건 뱉어내란 말입니다.

◦좋은 인생이란

돈이 많은 건 아니지만 좋아하는 사람들에게
밥 한 끼 사줄 수 있고
여유로운 일상은 아니지만 가끔 극장에서 영화도 보고
백 번 쓰러져도 천 번을 손잡아주는 이들이 있다면
당신은 충분히 좋은 인생을 좋은 사람으로
살아가고 있는 것.

◦왜 그랬지

내가 왜 좋다고 미쳐서 헤어나오지 못했을까.
그때 보는 눈이 멸망했나.
똥인지 된장인지 구별도 못했네.

◦거짓말

거짓말을 할 거면 걸리지를 마라.
속일 거면 걸렸을 때 대처법까지 완벽하게 계획하고
무덤까지 지켜가라.
제발 나중에 들켜서 뒤통수를 어루만지며
먼지 나게 움직이던 네 입을
동서남북으로 분리할 일이 안 생기도록.

°존재 자체

겉모습이, 남들이 하는 얘기들이
뭐가 중요해요.
그대는 존재 자체가 예뻐요.

°엄마가 너에게

미안합니다.
아름다운 세상과 함께 좋은 것들만 보여주려 했는데
정신없고, 치 떨리게 하는 사람들이 난무하고,
기승전은 구구절절 많고 많지만
결은 없는 세상과 마주하게 해서 속상합니다.
보여주지 않으려 노력하고 애써 웃어봐도
모든 사각형들에서는 보여주지 못할 것들만 나오고
정작 보아야 하고 알아야 할 것들은
숨기기 급급하고 밝혀주지 않네요.
처음 마주했을 때엔 너무나도 행복했지만
이런 세상에 살아가게 하려니 가슴이 아립니다.
미안합니다, 미안해요.

° 되도록 빨리

자기가 화나게 만들어 놓고선 막상 화내면
나를 예민한 사람으로 만들어버리고,
참다 참다 화내면 왜 그때 말 안 했냐고 도리어 화를 내는
사람들을 멀리하세요.
자기 잘못을 합리화하는 마법을 부리는 아주 위험한
사람들이기 때문입니다.

° 지금처럼

오늘 하루도 고생했어.
더 어여쁜 내일이 너를 반길 거야.
지금처럼 예쁘기만 해.

사랑한다

◦그냥 지나가

그냥 가던 길 가.
내가 무슨 일을 하든지 누구를 만나서 무엇을 하는지
신경 쓰지 않길 바라, 난 너한테 관심 없어.
굳이 나를 찾아서 보고 뒤에서 안줏거리 삼아
내 이야기를 꺼내지 않았으면 해.

◦멋대로

모서리가 뾰족한 글로 주고받는 말들을
멋대로 해석하고 단정 짓지 말자.
어떤 톤인지, 무슨 표정인지도 모르는 글자일 뿐이니
오해하지 말고 상처 받지도 않길.

◦나부터

관계를 유지하기 위해 쏟는 노력이 부질없음을 느끼는 요즘,
진심을 위장한 가식과 거짓들이 난무하고,
알면서도 속아주는 것에 지쳤다.
자책하지 말고 자신부터 위로하기를.

사랑한다

◦ 자국

너를 손에 꽉 쥐었다. 놓을 수가 없었다.
손톱이 살을 파고들었지만 아픔을 몰랐다.
너도 굳이 나가려 하지 않았고,
너를 놔줬을 땐 손톱자국만이 깊이 새겨져 있었다.
그저 그런 상처만이 내게 남아 있었다.

◦ 대체 왜

길을 걷다 너를 보았다.
너는 나를 보지 못했지만
보자마자 예전의 우리가 생각났다.
'멀리서 봐야 할 만큼 멀어져야 했나.'
이렇게 만든 건 너인데 내가 자책한다.

◦ 햇살 같은 사람

그런 사람 있잖아요.
정말로 날 사랑하는 게 내 눈에 보이는 사람.
멀리 있어도 보고 싶다고 잠시라도 보러 찾아오는 사람.
다투어도 사존심 세우지 않고 서로의 잘못을 인정하고
나를 달래주는 사람.
우리는 이런 사람을 만나야 해요.
사랑받을 자격, 그럴 가치가 있는 사람이니까.
나와 같은 길을 바라봐주며 내 어깨를 따듯하게 감싸줄
그런 사람이요.

◦ 다짐해요

사랑한다는 말은 언제 어디서 들어도 항상 좋은 것 같다.
가족이든 친구든 연인이든
곁에 있어주고 나를 아껴줄 때
사랑한다는 말을 아끼지 말자.
오늘도, 앞으로도, 매 순간 사랑할 것을.

° 저 멀리

주변에 남아 있는 그대 흔적이 나는 싫어요.
그대와 함께 걷던 거리의 발자취,
내 옷에 고스란히 배어 있는 향기 그리고 새벽마다
감싸오는 짙은 여운.
왜 나를 이리도 슬프게 하고 아픔으로 옥죄나요.
사무치게 그리운 사람아, 이제 그만 멀리 떠나가주세요.
그러리라 믿을게요.

° 향기

다시 돌아오는 계절의 향기에
내 생각이 진하게 떠오르길.

° 작은 행복

작은 일에도 항상 감사하는 버릇이 생겼는데
마음도 편해지고 심리적으로 안정이 되는 것 같다.
예를 들면 두 눈으로 사랑하는 이들을 볼 수 있다는 것,
손으로 숫자를 하나부터 열까지 셀 수 있다는 것,
지금 내가 이 글을 쓸 수 있다는 것까지도 감사하다.

° 오로지

나를 항상 예뻐해주는 사람,
못된 말을 뱉어도 떠나지 않는 사람,
슬픔을 가져가고 행복으로 돌려주는 사람,
오로지 내가 전부인 사람과 오래도록 함께하길.

° 후회하지 않는 방법

흘러가는 시간을 헛되이 보내지 마라.
보고 싶은 사람은 망설임 없이 보러 가고
해야 할 일은 다음으로 미루지 않으며
하고 싶은 일엔 주저 없이 도전하고 실천하길 바란다.
그대에게 '다음'이란 없는 것처럼 하루를 후회 없이
살아가라.

° 두근거림

"너의 다정함에 마음이 소란스러운 날들이었다."

°그럴 예정이야

우리가 어렸던 그때,
성숙했던 너의 사랑에 못되게 군 것을 후회할 때마다
나는 너와 네 옆에 있는 사람의 소식을 일부러 찾아보곤 해.

그래, 나를 소중하게 대해줬던 너에게 상처만 준 나보다
좋은 사람을 만나는 것 같아 다행이네.

먼저 이별을 건넨 사람은 나인데, 나는 아직 너보다 좋은
사람을 못 만났어.
가끔은 그때의 네가 생각나기도 해서.
미안해, 너의 간절함을 몰라줘서.
고마워, 그렇게 이기적이었던 나를 사랑해줘서.

그리워할 자격도 없는 내가
오늘 밤은 네가 사무치게 그리울 예정이야.
잘 지내.

° 사랑하고 싶은 사람

함께 있을 때 아무 말이 오가지 않는 정적 속에서도
편안함과 안정을 주는 사람을 만나야겠다.

서로 사랑하는 마음 그대로
그대가 나를 바라보는 눈동자 그리고
날 부르는 목소리에서 다정함이 느껴지는 사람.

온통 햇살로 가득 찬 날이든, 빗방울이 짓궂게 어깨를
적시는 날이든 그대와 같이 있다는 것 자체가 행복해서
온전히 내 안에 새겨지는 그런 사람.

말하지 않아도 불안하지 않고, 오히려 그 정적까지도
사랑하게 만드는 그런 사람을 만나야겠다.

° 다시는

그렇게 사랑했던 너와 헤어진 후 나는 오래도록 슬퍼했어.
내가 너에게 무엇을 잘못한 걸까. 어디서부터 어긋난 건지
찾으려고 기억을 더듬었지.

도대체 왜 우리가 멀어진 건지
'차라리 내가 이렇게 할걸, 저렇게 할걸.' 자책도 했네.
잊었다 생각했는데 다시 문득 네가 그려지고,
이제 잊었구나 하면 가끔씩 우리가 생각나서 또 후회하고.

근데 시간이 약이더라. 지금은 그러지 않아, 아주 잘 살아.
너보다 좋은 사람은 있더라, 많더라.
상처 받지 않으려고 마음을 굳게 닫고 살았는데 닫혀만
있으니 받은 상처도 나갈 수가 없었나 봐.
너 때문에 많이 힘들었지만 그 덕에 크게 성장했어, 나는.
고맙다는 말은 하지 않을게, 우리 다시는 마주치지 말자.

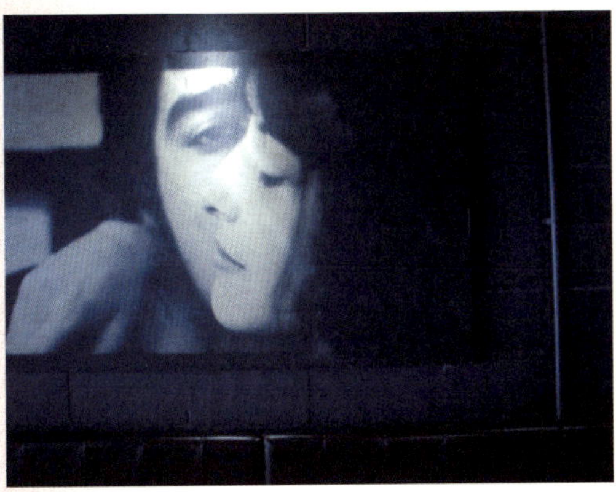

° 혹시라도

있잖아, 네가 그때 그랬잖아. 너보다 좋은 사람 만나라고.
너는 예의상 혹은 좋은 이별로 포장하고 싶은 생각에
가볍게 뱉은 말이겠지만 다른 사람을 만날 때마다
너보다 좋은 사람인지 아닌지,
너는 나한테 이랬는데 이 사람은 어떤지,
자꾸 너부터 떠오르고 너와 비교하게 돼버렸어.

나는 그때 그곳 그 자리에 서 있어.
네가 내 곁에 머물다 간 자리가 짙게 너로 물들어
아직 마르지가 않아서.
시간이 지난 후에 혹시라도 다시 찾아올까 봐.

° 너로 물든 봄

양 볼을 벚꽃으로 물들인 채
마냥 어린아이처럼 웃는 당신 모습에

나는 봄에게 말한다.

당신과 내가 우리일 때 찾아와줘서 고맙다고.

°감히

나쁜 사람이 되기 싫어 감히 사랑을 연기했구나.

° 그랬기에

너무 깊이도 좋아했다, 미련하게.
그러나 우리였던 날들을 후회하지 않는다.
당신이 내게 주었던 사랑으로 모든 나날이 근사한
날들이었기에.

° 여운

당신이 나의 청춘 옆으로
아무리 스치듯 지나갔다 한들
이리도 여운을 주고 가시면 어떡해요.
그 여운 하나로 며칠을 기다릴 텐데.

° 잊으려거든

너로 인해 슬픔 속에 잠겨 있었다.
사실은 스스로 잠기고 싶었던 건지도 모르지만
너는 내게 이런 존재고, 날 더 깊이 추락시킨다.
이게 우리의 마지막이라면 나는 깨지 않으련다.
너를 잊으려면 차라리 내가 아파하겠다.

° 친구

너를 사랑한 기간이 길고도 길어
사랑인가 헷갈린 적도 있었다.
그냥 내게 너라는 사람이 익숙해진 듯.
더 깊어질 순 없어도 그저
오래도록 곁에 두고 보고 싶었다.
욕심인 걸 알면서도 놓기가 싫었다.

° 지독하게

나 혼자 집으로 가는 발걸음이
너를 지독히 그리워지게 한다.
우리 집까지 같이 걸으며 나눴던 대화들과
서로 보내기 싫어서 몇 바퀴나 돌았던 동네.

추억이 마음을 적신 게 아니라 깊게 할퀴어 놓았구나.

° 제발

그냥 다시 와주면 안 될까.
다 없던 일이라 생각하고 덮어버리고.
실수하지 않을게, 더 많이 사랑할게.

◦ 약속할게요

당신과 헤어진 후에 나는 너무나도 힘들었어요.
차마 버리지 못한 사진첩에 남아 있는 우리 사진들,
목소리를 듣고 싶어도 전화를 걸 수 없는 사이가 된 것.
당신이 기쁘거나 슬프거나 힘들 때, 곁에 있을 수 없는 것.
오늘은 무엇을 먹었는지, 저녁엔 무얼 할 건지 물어볼 수 없는 것.
내가 받을 수도, 해줄 수도 없는 것들이 많아져서 정말로 힘들어요.
다시 돌아온다면 아낌없이 사랑해줄게요, 약속해요.
같이 있어줘요.

◦ 지금도

또 이런다, 네 생각.
'나도 그만 생각하고 싶다.'
하면서 또 생각해.

°아주 가끔

가끔은 네 얘기를 써내려가.
보고 너도 느낀다면
내게 너라는 존재가 얼마만큼인지
알고 있는 거겠지.
알면서도 가만히 멀리 있겠지.
서로가 다시 상처 줄 것을 알기에.

°그런 거겠지

음식을 먹다가 입가에 묻히거나 흘릴 때.
힘들었던 일과를 마치고 집으로 갈 때.
너로 인해 알게 된 노래가 흘러나올 때.
주변 사람들이 네 안부를 내게 물을 때.
같이 가던 곳을 혼자 지날 때.
항상 풍기던 네 향기가 코끝을 스칠 때.
늦은 새벽 잠들기 전에 지난 시간을 회상할 때.

'아직 좋아한다.'보다는 '그립다.'가 맞는 거겠지.

° 흔들림

갈대가 흔들리는 건
불어오는 바람이 세서일까,
무게가 가벼워서일까.

적어도 흔들릴 때 잡아주는 무언가가 있었다면
잠시 흔들린다한들 꺾이지는 않았겠지.

° 위로 한마디

오늘 충분히 고생했잖아.
자책하지 말아요.
자책하기엔 너무나 기특한 당신인걸.

° 다른 마음

"너가 화를 낼 것 같아서 말하지 못했어."

"내가 화낼 줄 알았으면서 왜 그렇게 행동했어."

°그런 당신이니까

여유롭지 못한 당신에게
응원 한마디, 포옹 한 번.
그리고 다 잘될 거라는 편안한 토닥임.

그러니 힘내요, 당신.
충분히 잘하고 있는 당신이니까.

°괴롭힘

너는 잠잠하다가도 머지않아 날 괴롭히곤 했다.
설렘에서 사랑으로.
이별에서 공허함으로.

°이런 연애

당신이 내게 주는 행복이 행여나 사라질까
고마움보다 걱정이 앞서는 연애 말고,

내일은 얼마나 당신 덕분에 행복할까 기대하며
볼을 가득 묻힌 얼굴로 웃음을 머금고
하루를 마무리 짓는 연애이기를.

° 여유로운 하루

따듯한 햇살, 선선한 바람, 맑은 하늘.
괜스레 하나 둘 모여드는 그리움의 나날들.

° 옆에

"네가 가는 그 길이 항상 밝고 환했으면 좋겠어."

"네가 옆에 있어줘."

° 빛나는

당신이 제일 빛날 때를 생각해봐요.

맞아요,
언제나 당신 그 자체네요.

°그럴 수 있다면

억지로 참았던 감정, 악물고 견뎠던 하루.
오늘은 솔직하게 당신을 보여줘요.
말없이 안겨도 좋고 소리 내어 울어도 좋아요.
당신의 걱정을 같이 안아줄 수 있다면.

◦ 꿈

꿈을 꿨어.
너와 내가 우리가 되어 웃고 있더라.
진짜 서로 행복했을 때 있잖아, 밤새도록 전화기를 붙잡고
볼이 아플 만큼 웃음이 끊이질 않던.
만나러 갈 때면 가슴이 떨리고 손에 땀이 나서
네 손을 잡기 부끄러웠던.

깨기 싫더라.
네가 또 언제 나올지 몰라서.
'이 꿈에서까지도 우리가 마지막이면 어떡하지.' 싶어서
깨기가 너무 싫더라.

그러니 깨기 전에 돌아와줘, 너무 보고 싶어.
좀 더 자고 있을게, 늦기 전에 다시 돌아와.

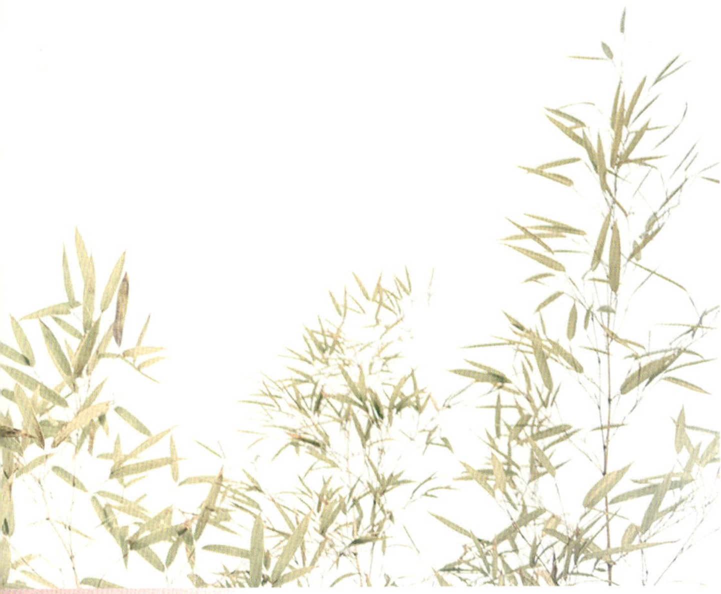

◦ 좋아해

네가 내게 베푸는 친절함 그리고 다정한 말 한마디에
의미를 부여하지 않으려 애써 무시하기도 해봤어.
그런데 아무리 강하게 부정해도 네 앞에만 서면
자꾸만 긍정으로 돼버리는 게.
좋아하지 않던 일들이 너와 함께하면
좋아하고 싶은 일들이 되는 게.
아마도 내가 너를 좋아하나 보다.
우리가 멀어지는 게 걱정되어 숨겼던 감정들을 이제는
용기 내어 너에게 전하려고 해.
짧게 말하자면 "널 좋아해."라고.

◦ 제일

제일 미련하면서도 제일 현명한 행동은
내게 잘해주는 상대방을 보고
혹시나 버림받을까 지레 겁먹어
먼저 거리를 두고 내치는 것.

° 사랑하는 내 남자에게

오래도록 기다렸어요.
예쁜 꽃신 신을 기쁨에,
내 품에 당신 안아줄 행복에.
찬란한 그 끝에 다다랐을 땐
우리 서로 사랑함을 굳게 다짐하길.

° 무책임

당신은 날 열어두곤 무책임하게 곁을 떠났고
열린 마음은 닫히지도 못한 채
마르기 바빴구나.

° 그날의 향기

두 손에 새벽을 품고선 깊게 숨을 들이마셨다.
네 향기가 난다.
마지막으로 날 안았던 그날의 네 향기가.

°글의 무게

잘 지내니.

네 글자를 썼다 지웠다 반복해.

짧고도 무거운 이 글자들을 보내면 너는 무슨 생각을 할까.

읽은 후에 네가 내게 보낼 글자들은 무거울까, 가벼울까.

오늘도 이렇게 고민만 하다가 결국엔 다시 깊게 묻어 놔.

네 글자 속에 담긴 무게만큼 용기가 나질 않아서.

°이게 아닌데

남보다 못한 사이가 되려고

너와 시작한 건 아니었는데.

°나의 색

화려한 색만 보고 다가온 이들과 달리

어두운 색을 감싸 안아주고

모든 색이 아름답다고 말해준 사람.

하얗기만 했던 마음을 파스텔 톤으로 물들인,

나의 검은색까지 사랑해준 사람아.

◦ 권태기

사랑이 가득 담긴 채 날 바라보던 네 눈이
지겹다는 듯 내 눈을 피해 핸드폰을 바라보고
더우나 추우나 수시로 날 안아주던 네 팔이
이제는 계절을 핑계 삼아 안으려 하지 않는구나.

아, 참 쓰리구나.
사랑하는 사람에게서 사랑이 느껴지지 않으니
이리도 참 쓰라리구나.

◦ 이별의 끝

결국 나는 널 놓았다.
내 청춘의 절반을 포기했다.

그 과정 속에서 나는 비참하기 짝이 없었고
항상 기다리는 사람이었으며 참고 또 참았다.
너와의 대화에서 나는 목이 메었고,
두 눈의 파도는 잠잠할 새 없이 넘쳐 흘렀다.

이젠 너를 보내련다, 저 멀리.
되도록이면 내게 보이지 않는 곳으로.
아주 먼 곳으로, 너와의 이별을.

◦ 변명

차라리 변명이라도 해주세요.
'미안해.'라는 세 글자만 내게 주고 뒤돌아 가버리면
나는 그 의미 없는 글자 속에
여러 가지 의미를 자꾸 넣어 맞춰보게 되잖아요.

미련하게.

◦ 선물

너라는 선물의 포장지를 뜯었어.
겉의 밝고 화려한 무늬와는 다르게
뜯어본 속은 별게 아니었지.
하지만 좋았어, 그저 온전히 너라는 자체로도 좋았어.

◦ 다른 편안함

지루한 사람이었다.
조용하고 묵묵히 들어주기를 좋아하던.
말주변도 없고 내 이야기에 큰 반응을 보이지도 않았던.
그저 내 눈을 쳐다보고 고개를 끄덕여주던 사람이었다.

그리고
나는 그 사람의 지루함을 사랑하게 되었다.

◦ 작지만 큰

기분 좋은 기다림, 그 사람을 보러 갈 때의 설렘.
간지러운 마음, 자꾸만 새어나오는 웃음.
너를 사랑하며 느꼈던 작지만 큰 행복들.

◦ 그런가요?

내가 그리워하고 있는 것이 사랑이 맞나요?
정녕 미련이 아니라 사랑이 맞는 건가요?

°옳은 선택

황홀했으니 후회는 없다.

그날 끝을 맺은 것이 현명한 선택이었음을.

°나의 마음에게

아직은 녹지 말아다오.

누군가를 품을 따듯함이 준비되지 않았으니.

° 후자

기대하게 만드는 약속을 무작정 해버리고
꼭 지켰으면 하는 다짐을 그리도 쉽게 한다.
대체 누구의 잘못인가.

기대하고 믿고 싶었던 사람인가,
약속하고 다짐한 사람인가.

° 이유

"나를 왜 좋아해요?"

"너로 인해 내 마음에 봄이 왔으니까."

° 우울

우울해, 어둡고 깊은 물속에 잠겨 있는 것 같아.
숨쉬기가 답답하고 내 안에 무언가 막혀 있는 듯해.
차라리 꺼내서 버리고 싶어도 놓고 싶진 않아.
어쩌면 이 기분이 더 편안해, 행복보다 우울함이.

° 어쩌자고

대체 어쩌자고 널 좋아하게 되었을까,
무턱대고 널 사랑한다고 말했을까.
비틀거리는 이 감정으로 상처 받을 널 생각 못하고
어쩌자고 내 감정만 앞서 널 안았을까.

° 지나간 청춘

잘 가거라,
흩날리는 나의 청춘들이여.

◦네 웃음

더 이상 나는 사랑하기가 싫다.
그러니 너도 내게 웃어주지 말아라.
어여쁜 꽃을 보고선 네 생각이 나지 않게.

◦바람

내년에는 더 멋진 나로
환하고 예쁜 추억들과
행복이 가득한 일들만 마주하기를.

◦연습

너의 무심한 모습과 달라진 말투에
혼자서 수십 번 이별을 연습해본다.

사랑한다

° 한 페이지

이별이란
청춘의 쓰라린 한 페이지를 쓰는 것.

° 그랬더라면

그때의 우리가 좀 더 성숙했더라면,
좀 더 서로를 받아들일 수 있었더라면
함께 아침을 맞이할 수 있었을까.

° 왜 그런 거죠

있잖아요, 당신.
나를 사랑한다면서 왜 내 곁을 떠나간 거죠.
상처주지 않겠다면서 왜 상처를 줬나요.
내게서 떨어지기 싫다면서, 평생을 사랑한다 약속했으면서
왜 나와 제일 먼 사람이 되어버린 거죠.

° 변명 같은 진심

더 잡고 있을 수가 없었다.
욕심이 커져가는 만큼 불안감도 커져갔다.
그대가 정녕 나로 인해 행복할 수 있을까.
내가 그대를 행복하게 해줄 수 있을까.
의구심을 품은 내 자신이 못나서 그대를 떠난다.
나같이 못난 사람 옆에 그대를 앉혀 놓을 수는 없기에.

° 그러겠지

며칠간은 허전하겠지.
때로는 보고도 싶겠지.
어느 날은 목소리도 듣고 싶겠지.
하지만 다시 마주할 수는 없겠지.
그럴 걸 알기에 작은 용기조차 못 내는 거겠지.

◦먼저

왈칵 눈물이 나기 시작했다.
그 사람 목소리다.
대답할 수가 없이 목이 메어온다.
그렇게나 듣고 싶던 목소리인데
대답보다 먼저 눈물이 반겨버린다.

° 척

세상이 무너져내릴 줄 알았어요.

그 사람이 내 전부인 줄 알았거든요.

근데 아니었어요.

나는 지금 슬프지 않아요.

조금 그리울 뿐이지, 전혀 슬프지 않아요.

그러니 위로 말아요, 괜찮아요.

° 그 사람이길

서로를 이해할 수 있는 마음과

사랑에 자만하지 않는 겸손함을 가진 사람.

내 눈을 바라보며 말을 들어주고 대답을 해주는 사람.

비가 오면 우산을 사오기보다 같이 맞아주는 사람이

그 사람이길.

° 마지막

설렘, 그리움, 행복, 슬픔, 사랑 그리고 이별.

이 모든 단어들의 마지막, 너.

° 물건

버려야 할까, 간직해야 할까.

우리는 이제 정말 남이 되어버린 걸까.

다시 시작할 수는 없는 걸까.

정녕 남보다 못한 사이인 걸까.

전보다 더 가까운 사이가 될 순 없는 걸까.

° 부정할 수밖에

뒤척이다 결국 침대에서 몸을 일으켜 핸드폰을 확인해.
아, 꿈이 아니구나. 우리 정말 헤어졌구나.
믿을 수가 없어 다시 침대에 몸을 뉘여 눈을 감고 잠을 청해 봐.
이내 이불을 머리끝까지 올린 후 소리 내어 울어버려.
그래도 믿어지지가 않아, 믿고 싶지가 않아.
너무 보고 싶어, 너무나도.

° 그래줘요

우리 함께했던 나날들,
당신은 쉽게 잊을 수 있나요.
나는 무지 어려워요.
눈을 감아도 그때가 그려지고, 내 품에 아직도 당신의 온기가 느껴져요.
잊기 싫어요, 잊지 않으면 안 될까요.
부탁할게요. 당신도 잊지 말아줘요, 제발.

벌을 받는 것 같다.

사람들에게 준 상처들을 그대로 내가 받는 것 같다.

헤어짐이 이렇게나 아픈 거였구나.

이렇게나 힘든 거였구나.

사랑이 모질게 뒤돌아서는 게 이렇게나 슬픈 거였구나.

깊게 깨닫고 뉘우치고 있으니 늦지 않게

돌아왔으면 좋겠다.

저 사람들에게 못 준 사랑까지 네게는 줄 수 있으니.

°그저

당신이 씩씩하게 마주하지 못했다고 해서
못난 사람은 아니에요.

그저 조금 여리고 조심스러운 사람일 뿐.
그러니 소중한 자신을 자책하지 말아요.

°안 할래요

사랑하는 사람에게 잘해주라고 했잖아요.
왜 날 떠나요?
나는 내 전부를 주면서 잘해주었는데 왜 날 버려요?
다른 사람들이 내가 너무 잘해줘서 떠나는 거래요.
그게 맞는 말인가요, 맞는 말이라면 사랑 따위 안 할래요.
다 줘도 날 떠나는 게 사랑이라면 하지 않을래요.
결국 남는 게 상처뿐이라면 시작조차 않을래요.

◦ 우스운 이별

이별 참 우습기도 하지.
내 사람이라고 장담했던 믿음마저
고작 그 짧은 한마디에 무너져내리니.

◦ 이해와 포용

사람은 대부분 변하기 마련이에요.
속도에 차이가 있을 뿐이지. 그러니 너무 속상해 말아요.
당신도 언젠가 변해 그 사람을 이해하고 포용하게 될 날이
올 테니까요.

◦ 향기도, 생각도

새벽 거리에 추운 계절의 향기가 난다.
큰일이다, 네 생각이 함께 난다.

◦ 내려놔요

이런 마음가짐으로는 앞으로 어떤 누구를 만나도
당신답지 못한 연애를 할 텐데,
조금만 내려놓고 가요.
상처 받지 않을까 하는 마음,
또 나만 슬프진 않을까 하는 마음,
전부를 보여주면 떠나진 않을까 하는 마음.
일단 내려놔 봐요.

◦ 잘 가

가차 없이 잊을게.
미련 없이, 위로 없이 지워버릴게.
잘 가,
나의 마지막이라고 믿었던 사랑아.

° 그러기를

만남을 구걸해야 하는 사람보다
먼저 만남을 청하는 사람에게 더 이끌리길.

° 어쩌면

포기를 두려워하지 말아요.
당신의 강인함을 믿고 부딪쳐봐요.
어쩌면 한 번의 용기로 얻는 게 더 많을지도 모르니까요.

° 짧았던 생각

아무리 떠돌았던 너라도 나는 감당하고 싶었다.
내가 너를 다 품을 수 있다고, 내게 의지하고 기대도 된다고
말해주고 싶었다.
결국 버림받은 건 나였지만 사실 버림받은 사람은 너였겠지.
우리 서로 상처주지 않으려 노력했어도 그만큼 사소한
감정에 느낀 실망이 컸나봐.
좀 더 잘해줄걸, 좀 더 안아줄걸, 내가 더 많이 사랑해줄걸.
사과는 하지 않을게. 더 좋은 사람 만나. 나보다 좋은 사람.

° 몰입

지금의 사랑에 겁내지 말고 몰입하세요.
그 순간, 그 상황에 솔직하게 표현해요. 후회 없이.

° 약속

내 사랑 가득히 담아 드릴 테니
내게 다시 돌려주지 않는다고 약속해줘요.
까만 밤하늘에 나를 그려주지 않아도 괜찮으니
매일 밤 울며 잠들게 하지 않겠다고 약속해줘요.

° 결말

비록 지금은 멀고도 먼 사이지만
우리 다시 마주할 수 있겠지.
'혹시나'라는 말이 있잖아.
'설마'라는 말도 있잖아.
끝은 결국 예상대로잖아.

아,
우리 이별은 예상치 못하게 찾아왔었지.

시린한다

° 무의미한 날들

정말 아무것도 하기 싫다. 밥은 먹었는지,
집엔 언제 들어가는지, 오늘 날씨는 어떤지. 그런 무의미한
얘기만 주고받는 여러 사람들과의 무의미한 연락들.
돌이킬 수 없는 소중한 시간들을 함께 나누고 서로가
서로에게 제일 의지하며
사랑한다고 수십 번을 말했어도 결국엔 헤어지는 연애.
매번 시간과 감정의 낭비에 지쳤어도 도망갈 곳, 숨을 곳
하나 없는 각박하고 숨 막히는 세상.
차라리 눈을 감고 흑백의 세상을 구경하는 것이 내 정신
건강에 이로운 요즘.
늘 똑같은 지루한 일상에 질리고 새로운 것에 대한 두려움은
커져간다.
더 이상 내게 '내일'이라는 것은 불필요하다.
그만하고 싶다, 세상살이.

° 딱 한 번만

우리 한 번은 마주치자.
웃으면서 인사할 수 있을 것 같아.
아무렇지 않은 척 다음에 또 보자는 말도 할 수 있을 거 같아.
불편하게 만들지 않을게, 그냥 한 번만 마주치자.

° 사랑이란

이 세상에 사랑을 설명할 수 있는 사람이 있을까.
모든 사람들이 공감하고 옳다고 생각하는 사랑이 있을까.
각자 사랑하는 방법이 다를 텐데 어느 누가 정의할 수 있을까.
사랑이란 무엇일까, 결국 내 자신만이 알겠지.
끝내 모른다면 사랑에 대해 알려준 사람을 사랑하게 되겠지.

° 첫눈에 반하다

찰나의 순간이었다.

모든 상황은 내가 너를 품기에 적절했다.

그날의 온도, 나누던 대화, 웃는 얼굴.

이상하리만큼 가슴이 뛰었고, 자꾸만 눈길이 갔다.

그렇게 나는 널 사랑하게 되었다.

° 아무리

네 생각에 마음이 느껍다.

차마 다시 돌아갈 순 없을 것 같아.

아무리 보고 싶다 한들.

° 적응

서서히 우련해지겠지.

당신 없는 나날들이 허우룩해도.

포기

"미안해."

"'미안해.'라는 말 좀 그만해. 사과하기 전에 뭘 잘못 했는지는 알아?
지금 이 다툼을 무르기 위해 하는 말이라면 다시 넣어둬.
내가 지금 이 얘기 꺼내지 않았으면 미안해하지 않았을 거잖아.
잘못은 네가 하는데 대체 왜 나를 예민하고 속 좁은 사람으로 만드는 건지.
사과를 받아야 하는 건 나이고, 한숨이 나오고 전화를 받기 싫은 사람도 나인데,
왜 내가 초조하고 불안해야 하는 거니. 있잖아, 우리 그만 할까?
나 너무 힘들어. 차라리 너와 헤어지고 힘든 게 더 나을지도 모르겠어.

헤어지자, 우리. 미안해하지는 않을게. 너 하고 싶은 거 하면서 편하게 살아."

° 사진

사진첩을 열어보았다.
그중 눈에 띄는 사진 한 장.
햇살이 우리를 반겨주고, 사랑하는 눈빛 가득히
서로 바라보며 웃고 있는 너와 나의 모습.
쓸쓸함이 마음을 채운다.
내가 이렇게 행복한 표정을 지을 수 있구나.
우리가 이만큼 사랑했는데 왜 헤어졌을까.
결국엔 또 네 생각이다.

°꿈 같았던

그와의 연애는 꿈을 꾸는 것 같았다.
처음 해보는 것도 많았고, '내가 이런 것도 할 수 있는 사람이구나.' 하고 깨닫기도 했다.
상상만 했던 일들을 그는 현실로 이루게 해주었다.
비록 꿈을 꾸게 만든 사람도, 깬 사람도 그였지만
덕분에 잠드는 모든 새벽이 영롱했고 황홀했기에 미워하지 않으련다.
우리의 헤어짐도 그저 행복했던 꿈에서 깨어나는 거라고 생각할 것이기에.

사랑한다

° 눈치

날 대하는 그의 손길이 차갑다.
날 바라보는 그의 따스했던 눈길이 이제는 따갑고,
나에 대해 어떠한 걱정도 의심도 하지 않으며
나의 물음에 돌아오는 대답도 짧아졌다.
사랑보다 이별을 눈치 채는 것이 더 쉬웠다.

° 진심을 다해

감히 내가 당신을 사랑한다.
너무나 작고 소중한 당신을.
어마무시하게 어여쁜 당신을.
두 눈 가득히 담고픈 당신을.

° 언젠가

사랑은 언젠가 변한다.

실망하지 마라. 이해하거나 멋지게 곁을 떠나라.

° 사랑아

더는 너에게 빠지지 않으련다.

내게 찾아오지 마라, 네가 다녀간 자리에는 슬픔만이 고여 있으니.

° 말해

그리웠다고, 후회한다고, 보고 싶었다고 말해.

아무리 미워했어도 다시 감싸 안으며 말할게.

실은 나도 무척이나 보고 싶었다고.

네가 뼈저리게 그리웠다고.

°그랬나 보다

너는 좋은 사람이 아니었다.
그래서 내가 너를 사랑했나 보다.
나도 그리 좋은 사람은 아니었기 때문에.

°타이밍

애석하게도 우리가 운명은 아니었나 봐.
타이밍이 어떻게 이리도 안 맞는지.
과거에도 현재에도 그리고 미래에도 우린 엇갈리겠지.
이런 생각으로 우리는 타이밍을 놓쳐왔고 앞으로도
놓쳐가겠지.

°그럴 테니

기댈 곳이 없어 휘청거릴 때, 날 찾아오길 바라.
내가 필요하다고 내게 사랑을 다시 갈구하길 바라.
나를 떠났던 그해 겨울처럼 차갑게, 아주 시리게.
그때의 너처럼 매정하게 대해줄 테니.

° 깨진 믿음

네게 쏟았던 진심은 다른 사람들에게
싼값에 팔려버린다.
용기내서 잡았던 손도, 믿고 안겼던 그 하루도,
감싸 안아주길 원했던 내 이야기도.
널 향했던 나의 모든 진심은 떨린 목소리의 감정을
한 줌도 담지 않은 채 가볍게 떠버린다.
무거운 진심들이 허공에 흩날린다.

◦쉬어요

여러 모로 지치고 힘든 당신에게 말해주고 싶어요.
오늘의 행복이 어제의 걱정에 가려져 있으니 걱정을 내려놓고 행복을 만끽해도 된다고.
관계의 처음과 끝이 확실해야 당신이 다치지 않으니 조금은 단호해도 된다고.
누군가가 떠나가도 이해하고, 새로운 인연을 두려워 말고, 사랑과의 이별을 인정하라고.
오해와 구설수는 시간과 진실이 해결해줄 것이며 일일이 감정 소모하면서 살아가지 않아도 된다고.
당신은 노력한 만큼 얻은 것이고,
고생했으니 이제는 쉬어도 된다고.
쉬어도 돼요. 이제 쉬어요.

◦ 사랑하고 싶어

그래, 사실 나는 사랑이 두려웠던 거였는지 몰라.
그래서 상대방을 더 많이 좋아하지 않았고, 헤어짐에 깊이 슬퍼하지도 않았으며
그 사람의 장점보다는 단점을 굳이 찾아서 먼저 등을 돌렸어.
나를 좋아해주는 예쁜 마음을 일부러 못 본 척했고
사랑한다는 감정의 외침을 부정한 채 살아왔지.

사랑하는 사람에게 버림받는 것이 세상 무엇보다도 아프고 슬퍼서.
그 사람이 변하는 과정을 눈치 채는 것이 너무나도 쓰라리고, 먼저 놔줘야 하는 사람이 나인 게 싫어서.

사랑이 두려워. 그래도 사랑하고 싶어.
쓰지만 달달한 감정, 사랑하고 싶어.

◦무너져버려

어쩌다 본 자동차 번호가 네 번호랑 같더라.
그 숫자들을 보는 순간, 나는 잘 지내다가 무너져버려.
'번호가 같네.'라고 생각하다가 너와 했던 통화가 생각나고,
집에 가는 길에 항상 내게 전화해주던 네가 떠오르고,
지금은 전화는커녕 문자도 주고받지 못하는 사이라는 걸
깨달으면 무너져버려.
정말 와르르 무너져버려.

° 이별 조짐

달콤했던 공기가 얼마나 숨통을 조여 오는지,
잠깐의 짧은 침묵도 왜 이리 평소보다 길게 느껴지는지.
되돌아오지 않는 물음표에 불안과 의심만 커져가고
이전과 다른 낯선 대답에 실망과 확신이 오가며
끝내 다 채우지 못한 채 반쯤 비어 있는 허한 마음을 붙잡고
그렇게 억지로 내가 꺼내겠지, 우리 이별.

° 우리 그만할까

선택은 내가 하되, 결과는 이미 네가 정해놓은 것.

° 중독

당신의 향기에 흠뻑 취해 있었다.
취한 기분이 나쁘지 않고 오히려 좋았다.
결국엔 깨더라. 깬 이후에도 자꾸만 생각이 났다.
큰일이다. 당신에게 중독이 되었다.

◦먼저

먼저 연락하지 않으면
먼저 물음표를 건네지 않으면
먼저 양해를 구하지 않으면
연락이 오지도, 물음표가 되돌아오지도 않을 관계들에

얼마나 수많은 내 감정을 셀 수 없이 쏟았는가.

아, 놓으니 편안하다.

굳이 항상 먼저 연락해야 하는 관계를 붙잡고 있을 필요가
없다는 것을 명심하자.

궁금증

너는 정말 안 궁금하니.

요즘은 내가 아침밥을 거르지 않고 잘 먹는지,

술을 마시다 취하면 매번 그렇듯 아무데서나 잠이 드는지,

늦게까지 안 자다가 자려고 하면 잠 못 이루고 오래도록 뒤척이는지,

아직도 문자보단 통화를 더 좋아하는지.

고민만 하다가 또 이렇게 혼자 단정 짓고 마음을 닫는지.

참 예쁘다

예쁘다, 예쁘다, 예쁘다. 세 번.

다른 이보다 나 스스로에게 먼저 해야 할 말.

예쁘다, 정말 예쁘다, 아주 예쁘다.

내가 이렇게 예쁜 사람이었구나.

◦ 약

결말은 참혹 그 자체였다.
쉴 새 없이 날 조이는 우울함, 끝이 없는 후회 그리고 미련.
무엇을 보아도, 어느 곳을 걸어도, 어떤 노래를 들어도
결국엔 네 생각이었다.
하루하루가 지독하게 슬펐으며 새벽은 차가웠고,
나는 추위에 떨어야만 했다.
옆엔 너 아닌 다른 사람들이 있었지만 오히려 나를 더
복잡하게 만들 뿐이었다.
진단은 너였다.
이 쓰라린 상황을 낫게 해줄 약은 너뿐이었다.

◦ 기억

혹여 당신이 날 떠날까 봐 못 떠날 이유를 만들어야 했다.
사소한 모든 추억들이 인상 깊도록 노력했고, 어떻게든
기억하라고 날 세뇌시켰다.
우린 헤어졌지만 당신은 내 모든 걸 기억하길 바란다.
내가 쓰는 향수, 남들은 모르는 작은 습관, 말투, 좋아하는
색까지. 기억해주길 바란다.

기적

당신의 작은 용기와 나의 용기가 만나 큰 사랑이 되었음을.
이 크나큰 기적을 잊지 말고 영원하기를.

반지

손 이리 줘봐.
네 번째 손가락 무거워지겠네.
살 땐 예뻤는데 막상 끼니까 별로다.
네가 더 예쁘다.

° 찾아올 사랑

이번에 찾아올 사람은
내 손을 잡고 싶어서 쑥스러움을 타는 사람이었으면
좋겠습니다.
힘들 때 기댈 수 있는 어깨를 내어주고 슬플 때 안아줄
따스한 품을 가진.
근사한 고백이 아닌 진심어린 고백을 건네는 사람이었으면
정말 좋겠습니다.

° 헤어진 사이

사랑하는 정도를 보여줄 수 없는 사이.
그리워하는 마음을 설명할 수 없는 사이.
다시 돌아가도 똑같이 좌절할 사이.

° 거짓

기어코 나를 짓밟는다.
더는 매달리지도 못하게,
두 번 다시는 돌아오지 못하게.
그러는 당신의 눈에도, 당신을 보는 나의 눈에도
눈치 없이 출렁이는 눈물은 거짓말을 못하는구나.

° 하루

딱 하루만
당신이 날 좋아했으면 좋겠다.
다정스럽게 나를 바라보고 사랑한다고 말해줬으면 좋겠다.
하루라도 당신과 나, 서로 가장 가까운 사이가 되고 싶다.

° 우리 관계

깨져버렸다, 우리 관계.
예상했다, 우리 결말.
돌릴 수 없다.
하지만 보고 싶다, 너.

° 달래줄 사람

흰 백짓장에 알록달록 색칠하다가
검정 물감이 쏟아져 얼룩덜룩해진 종이를 보고선
"바탕이 어두워졌으니 밝은 색으로 칠하면 되겠네요."
라고 말하는 사람을 만나고 싶다.
엉망진창인 내 마음을 보고도 자신의 예쁜 마음으로
달래줄 사람.

° 습관

네가 싫어하던 행동을 이제는 하지 않는다.
우리가 만날 때 고치라던 안 좋은 습관들도 고쳤다.
하지만 너는 내 옆에 없다. 고치라며 구박하던 너도,
이 모습을 보면 칭찬하며 기뻐할 너도.
좀 더 일찍 깨달을걸. 그 습관들이 안 좋다는 것도,
너를 떠나게 두면 안 된다는 것도.

° 정작

막상 생각해보면 잘 알지 못했다.
네가 매운 것을 정말 좋아했던 건지, 못 먹는데 좋아하는 척을 한 건지.
커피는 무엇을 마시며 콜라를 좋아하는지, 사이다를 좋아하는지.
하물며 커피를 마시기는 하는 건지.
나는 너의 사소한 것들도 몰랐으면서 네 탓만 하기 바빴구나.
정작 너는 나의 모든 것을 알고서는 맞춰주려 노력했을 텐데.

◦ 바람처럼

당신으로 인해 처음이었던 추억들 때문에
쉽게 당신을 잊을 수가 없어요.
내 모든 처음을 앗아갔으면서 어찌 그리 쉽게 떠나갔나요.
바람처럼 와서 갈 거면 쉬다만 가지, 어찌 나를 흔들고
갔나요.

◦ 이기심

뒤돌아 어깨를 들썩이는 너를 안을 수가 없었다.
안아주는 것이 너에게 위로가 아닌 미련으로 남게 될
것이기에.
괜히 인연의 끈만 길어지는 행동인 것을 알기에 그럴 수가
없었다.
그래도 지금 이 순간만은 너를 안고 싶은 건, 정말 크나큰
욕심이겠지.

◦ 사랑스러워

너의 모든 게 사랑스러워.
몰랑거리고 발그레한 두 볼과 작고 예쁜 손.
짓궂은 장난에 삐쳐서 웅얼거리며 토라지는 네 모습도.
가끔은 술에 취해 섹시하게 쳐다보는 살짝 풀린 두 눈도.
길을 걷다 뜬금없이 내 몸을 꼬집어서 쳐다보면 배시시 웃는 표정도.
엄청나게 사랑스러운 네가 내 사람이라는 게 믿기지가 않을 정도로 행복해,
네가 믿기지가 않을 정도로 예쁘고 아름다우니 나도
믿기지가 않을 정도로 널 사랑해야겠다.

◦ 회복

내 마음이 치료가 되어 회복한 후엔
재발하지 않기를.

° 흉터

상처가 아문 후에도 흉터는 사라지지 않겠지.
당신이 떠났다 한들 사랑은 사라지지 않겠지.

° 그런 사람

따스한 바람이 불면 생각나는 사람.
시원한 그늘 밑에 같이 누워 있고 싶은 사람.
맑은 하늘과 예쁜 구름을 함께 보고 싶은 사람.
집 방향이 같은 사람.
그런 사람, 나의 그런 사람.

° 눈빛

네 눈빛으로 나를 비춰주는 것보다
하늘 아래 황홀한 것은 없겠지.

° 방황

당신만큼 나를 잘 아는 사람을 어디서 찾아야 하나요.
해님의 시간이든, 달님의 시간이든 함께였던 나날들은
어디에 버려야 하나요.
내 일상 깊숙이 파고든 허한 자리는 무엇으로 채워야
하나요.
가지 말아주세요. 혼자서는 아무것도 찾지도, 버리지도,
채울 수도 없는걸요.
나와 같이 있어줘요, 제발.

° 한 번의 사랑

백 명의 사람으로도 채워지지 않은 한 번의 사랑이
당신을 만난 후에는 쉴 새 없이 채워지네요.

◦ 알았다면

이렇게 다시 못 볼 줄 알았다면
그 거리를 같이 걸을 때 네 손을 잡을걸.
보고 싶을 때 바로 달려가서 네 품에 안길걸.
조금이라도 많이 보고 오래도록 마음에 새겨놓을걸.
아낌없이 가슴이 뛸 때마다 사랑한다고 말해줄걸.
이럴 줄 알았다면 그럴걸.

◦ 자책

애초에 그런 섣부른 감정 따위에
작은 기대조차 품지 말았어야 했는데.

◦ 그리운 감정

우리의 첫 입맞춤을 떠올리니
그때의 수줍음, 설렘, 떨림이 생생하다 못해 그리워지기까지 하네.

°설면한 사이

오랜만에 마주한 우리는 설면할 수밖에 없겠지.
안차던 내 마음도 지금은 허할 뿐이니.

°믿어요

그대를 힘들게 하는 일이 생긴다 한들
그렇게 쉽게 꺾이지 않을 것이라고 믿어요.
훗날 더욱 더 단단하게 굳세질 거라는 것도.
지금 이 상황을 충분히 이겨낼 수 있는 그대라고 믿어요.

그러니 버텨요, 악물고 이겨내요.

°앞선 오기

지금 하는 일이 내게 맞는 일이긴 한 걸까.
이 일을 계속하는 것이 옳은 길인 걸까.
막상 내 자신이 무엇을 하고 싶은 지도 모른 채
남들에게 뒤처지기 싫다는 마음만 갖고서
무작정 뛰어든 사회는 너무나도 버겁구나.

하루쯤은

그냥 하루쯤은 멍하니 하늘도 바라보고, 혼자 버스를 타고 종점까지 창밖 구경도 하고,
조용한 동네 카페에 앉아 핸드폰을 꺼놓고 책을 읽는 것도 좋은 것 같다.
여유를 가지고서 세상을 바라보면 그저 시원하다고만 느꼈던 바람이 어디로 부는지도 알 수 있으니까.
아무런 생각 없이 지나치던 길가의 꽃들도, 날이 흐릴 때만 쳐다보던 하늘도

관심 어린 마음으로 바라보면 평소에 안 보이던 것들도 유독 아름답게 보이니까.

°말 없는 위로

갑자기 울고 싶어질 때가 있다.
아무에게도 말하지 못할 사정으로 힘들 때나
문득 내 자신이 혼자인 것이 너무나 쓸쓸할 때나
왜 내게만 이런 일이 생기는 건지 억울하고 서러울 때.

이러한 감정을 참는 그대에게 전해주고 싶은 말이 있다.
나는 그대가 울었으면 좋겠다. 그것도 아주 많이.
속 시원하게 울고 조금이라도 무거운 마음이 덜어졌으면 좋겠다.
지금 내가 그대의 모든 걱정을 대신 안아줄 수는 없겠지만
참았던 눈물이 벅차올라 소리 내어 운다면, 묵묵히 곁에 있을 테니.

° 완벽

여유를 찾기 힘들다. 억지로 잘 지내는 척.
일 없이 가만히 있어도 휴식이라는 느낌이 들지 않는 요즘.
내가 좋아하는 사람들과 즐겨 듣는 노래 한 곡,
완벽 그 자체.

° 우리의 습도

내게 쏟아져 내리는 네 말들은 건조했다.
그에 비해 내게서 쏟아지는 것들은 날 적시기 바빴지.

° 내성

시간이 약이라기에 얼른 삼켜버렸는데
소화가 느린 건지 체한 건지 모르겠다.
아무리 더 삼켜보아도 낫질 않는다.

사랑한다

° 둘 다

너와의 시작을 후회하는 걸까,
아니면 끝을 후회하는 걸까.

° 의구심

날 사랑해주었던 그 사람의 사랑은 어디까지가 거짓이었고,
대체 무엇이 진심이었을까.
한 번의 의구심으로 생긴 가벼운 생각이 모든 추억들과
믿고 있었던 것들을 무겁게 가라앉히기 시작했다.
내게 보여준 다양하고 투명한 모습들과 그런 널 보고
놀라워했던 네 주위 사람들. 어딜 가든 나만 바라보던 두 눈,
한결같이 따듯했던 손길 그리고 마지막까지 내게 건넨
진실한 마음까지.
'아니겠지, 아닐 거야.' 하며 세뇌한 지난날들이
불투명해지고 식어버린 채 허무하게 묻혀간다.

◦ 여지

네가 내게 준 작은 여지.
그 여지 하나로 셀 수 없이 지새운 밤.
부정하면서도 믿고 싶은 그날의 너.

◦ 성장통

오늘이 가고 내일이 오는 게 겁이 나는 요즘,
붙잡을 틈조차 없이 재빠르게 돌아가는 초침과
멈추어 기댈 곳 없이 홀로 걸어가야 한다는 두려움.

◦ 잊지 말아요

오직 그대 앞에서만 나의 수줍음이 티가 났고,
가장 어리숙했으며 항상 약한 사람이었고,
모든 말들이 머리가 아닌 마음에서 흘러나왔음을.

° 그러겠지

영화를 보다 네 생각이 났다.
너는 이런 장르를 좋아하고, 이런 장면에서 놀랄 테고,
이런 결말에 툴툴거리겠지.
그리고 나는 영화보다 그런 너의 모습을 인상 깊게
사랑하겠지.

° 아마도

상대방에 대해 알고 있는 모든 것들이
아마도 사랑하는 마음의 정도가 아닐까.

° 적당함

나는 무엇이든지 적당한 것을 좋아하던 사람이었다.
상대방과의 관계에서 지켜야 할 선, 음식의 간, 음악의 볼륨.
하지만 어느덧 내 일상에 스며든 너는 나의 적당함을 깨버렸다.
내게 예고 없이 찾아와 뜬금없이 엉뚱한 질문을 해도 좋고,
음식이 짜든 싱겁든 너와 함께 먹는 그 시간이 더 중요하고,
같이 듣는 음악보다 흥얼거리며 움직이는 네 입술을 더 좋아하게 되었다.
이러한 네가 내게 과해도 좋으니, 모자라지 않게 사랑을 건네주었으면 좋겠다.

° 걱정

당신이 걱정으로 지새웠던 수많은 밤들이 전혀 의미 없는 밤이 아니라고 장담한다.
또한 그 시간들이 모여 훗날 당신을 더 큰 사람으로 만들어줄 것을 약속한다.
그러니 불필요한 걱정은 내려놓고 좀 더 걱정다운 걱정으로 아침을 맞이하기를.

°놓을 용기

지금까지 우리는 살아가면서 잃는 것에 대한 불안함에 뭐든 채우기만 급급했다.
불필요한 것들로 인해 정작 중요한 것이 들어올 자리가 없는지도 모른 채.

°다시 돌아가도

아픔을 겪고 후회도 하고 그리워할 것을 미리 알게 되더라도 똑같이 사랑하겠지.
당신과 내가 우리가 되었을 때의 행복이 가장 달콤할 것도 알기에.

◦ 배려와 인내

고마움을 모르는 사람에겐 더 이상의 배려를 할 필요가 없고 미안함을 모르는 사람에게 더 이상의 인내는 쓸모없기 마련이니 그렇게 살아온 사람들을 내가 바꿀 수 있다고 착각하지 말자.
이미 나의 배려와 인내는 그들에게 짓밟혔고 그들은 깨달을 생각조차 하지 않기 때문에.
도리어 내게 배려와 인내를 알려준 사람들에게 고마워하고 미안해하길.

◦ 소원

부디 소원합니다.
사랑이라는 단어의 끝자락엔 그대가 있기를.

°못된 포장

네가 두루뭉술하게 건넨 이별 때문에
아직도 내 안은 물음표로 꽉 차 있어.

°왜 모를까

작은 상처는 도움닫기가 되어주지만
잦은 상처는 더 깊은 아픔을 준다는 것.

°모순

당신을 감당하기에 벅찼던 사람은 나였는데
왜 먼저 포기하고 떠난 사람은 당신인지.

° 그나마

이제는 너를 미워해보려고 해.
아직도 좋아한다는 것보단 미워한다는 게
덜 초라한 변명인 것 같아서.

° 더 사랑해서

웃기지도 않는 변명인 거 당신도 알면서,
굳이 놓아주지 않아도 된다는 것도 알면서
못된 사람은 되기 싫은 못된 포장이겠죠.

° 요즘

듣고 싶지 않은 말들만 유난히 자주 들리고
정작 듣고 싶은 말들은 어딘가 꼭꼭 숨어버렸다.

°행여나

네가 봄 같은 사람이라 더 불안했지.

봄이라는 계절이 지나면 너도 어디론가 떠날까 봐.

°익숙함

기어코 잃어버렸다.

찾으려 했지만 이미 멀리 사라져버렸다.

°결국

너는 내 과거까지 사랑해주었지만

너라는 과거도 결국엔 상처뿐이었네.

◦마냥

사랑할 때는 네가 주는 많은 것들이 마냥 좋았는데
헤어지고 나니 그 많은 것들의 무게가 나를 뭉개버린다.

◦인연

왜 항상 지나치는 걸까,
막상 멈춰야 할 곳엔 닿지 못하고.

◦꼭

사랑이란 게 항상 예뻐야 할 이유가 있나요.
이리저리 치이고 실수투성이어도 사랑은 사랑일 텐데.

° 조각

그대와의 추억을 조각낸다면
작아지기보단 더 많은 그리움만 쌓이겠죠.

° 선택

모든 게 뜻대로 되지 않을 수도 있다.
일도, 사랑도, 사람도.
중요한 건 그때의 내가 다짐하는 게 무엇인지이다.
멈출 것인가, 한 번 더 뛰어들 것인가.
둘 중 하나의 선택으로 결과는 크게 바뀌기 마련이니까.

° 그건 사랑이야

그날 밤 네가 내게 속삭여준 말을 정확히 듣지 못했지만
달빛이 비춰준 네 표정만으로도 알 수 있었지.

◦아픈 상황

나 자신이 너무 슬프고 마음이 추락할 때와
친한 사람이 행복하고 즐거울 때가 겹치는.
그러기에 기댈 수 없는 순간,
우리는 많은 감정과 부딪힌다.

이기적인 마음과 속상함 그리고 이해.

◦그래도 좋은 꿈

꿈에 네가 나왔어.
서로 잘못했다고, 실은 '보고 싶었다.'면서
껴안고 예전처럼 손잡은 채 장난치며 걷는 꿈.
너무 생생해서 깨고 난 후 핸드폰부터 확인하게 되더라.
역시 그럼 그렇지, 다시 우리가 붙을 리가 없지.
꿈이라고 훌훌 털어낼 힘도 없어서 지금은 그냥 추억에
젖어 있을래.
차라리 다시 잠들고 싶다.

◦그런 사이가 되자

사랑을 하면서 꼭 알아야 할 것 중 하나는
상대방과의 관계에서 고마움보다 미안함이 더 커진다면
그것은 사랑보다 동정의 비중이 더 크다는 것.

그러니 우리는 "다음부터 안 그럴게, 미안해."보다
"다음부터 안 그럴게, 옆에 있어줘서 고마워."라고 말하는
사이가 되자.
서로가 주는 큰 사랑을 안 받기엔 미안해서 받는 사이
말고, 사랑해서 주고받는 사이가 되자.
꼭 그러자. 그런 예쁜 사이.

◦잠버릇

매번 옆으로 자야 잠을 잘 수 있는 습관이 있고
껴안고 자면 답답함을 못 견디는 나였기에 등을 돌리고
잠이 들던 나.
그런 나를 보고서도 말없이 뒤에서 안아주던 너.
안긴 등에서부터 잡은 손까지 느껴지는
그 기분 좋은 따듯함.
그 자체가 사랑이겠지.
마주 보고 맞이한 아침 또한 사랑이겠지.

°태도

살아가면서 저지르는 가장 큰 실수.

친하다고 해서 상대방에게 무례하게 대하는 것.

°치유

실은 내 안에 너무 많은 게 쌓여 있어.
처음엔 점점 쌓여가는 게 그냥 경험이라 생각하고
'성장통이겠지.' 하면서 괜찮다 했는데 아닌 것 같아.
이제는 그만하고 싶어.
나도 좋은 사람 만나고 싶어.
정말 좋은 사람.
내가 이렇게 사랑받아도 되나 싶을 정도로 예뻐해주는
사람.
몇 번을 상처 받고 버려졌는데 한 번은 만날 때 됐잖아.
나타나 줘. 서로를 치유해주자.